Vom Luftrecht

insbesondere in seinen Beziehungen zum staatlichen Lufthoheitsrecht und zum Grundeigentum

Vortrag, gehalten im „Ungarischen Juristenverein“
am 11. November 1916

von

Dr. Ludwig Urbach

Advokat und Direktor der „Ungarische Lloyd Flugzeug- und Motorenfabrik Aktiengesellschaft“ in Budapest

Berlin 1917
J. Guttentag, Verlagsbuchhandlung
G. m. b. H.

Vom Luftrecht, insbesondere in seinen Beziehungen zum staatlichen Lufthoheitsrecht und zum Grundeigentum.

Erster Abschnitt.

Einleitung.

Der Gegenstand meines Vortrages erweckt alte Erinnerungen. Nie hätte ich gedacht, daß ich nach einem Menschenalter im guten alten Ovidius nachblättern und im Märchen des Daedalus und Icarus die denkwürdigen Worte suchen werde: „Terras licet, inquit, et undas obstruat, at caelum certe patet. Ibimus illac. Omnia possideat, non possidet aera Minos." Auch der gute Ovidius hätte aber nie daran gedacht, daß man darüber streiten könne, ob irgend jemand über Luftsphären eine Macht auszuüben überhaupt im Stande sei, und wir würden ihm gewiß ententefreundliche Gesinnung vorwerfen müssen, wenn er sich im Interesse der Ehre seiner Dichtung der französischen Losung „L'aïr est libre" anschließen würde. Fürwahr, wir könnten es ihm nicht verargen, zumal doch die hochtönenden Losungen der Franzosen viele Leute, Völker, Nationen betäubten, und welche Enttäuschung wurde jenen, die hinter den Losungen den Inhalt suchen und an Stelle dessen prasselnde Phrasen fanden.

Nichts ist natürlicher, als daß diejenigen, die an der Eroberung der Luft Anteil nahmen, im ersten Moment die Losung ergriffen haben und das Prinzip der Freiheit des Luftraumes propagierten. Ich selbst wäre der letzte, der der Freiheit des Fluges ein nicht durch die Not gebotenes Hemmnis in den Weg legen würde, doch muß ich eindringlich davor warnen, daß wir uns in der Regelung des Luftrechtes durch irgendeine Losung beeinflussen lassen, wenn auch die Sache des Fluges in noch so hohem Maße unsere Sympathien besitzt und wenn wir den Helden der Luft noch so große Privilegien einzuräumen bereit wären. Doch fordern sie heute von uns dies nicht mehr. Das Fliegervolk verlangt von uns heute keine Privilegien, im Gegenteil, sie sind es, die uns an den Früchten ihrer Arbeit teilhaftig werden lassen wollen, sie wollen das Fliegen zum Gemeingut der Menschheit gestalten, und demgegenüber, daß sie uns im Interesse der Menschheit die Möglichkeit des Fliegens bieten, wünschen sie bei Aufrechterhaltung der staatlichen Lufthoheitsrechte und der richtigen Rechte anderer, also „salvo iure alieno" bloß die gleiche Freiheit des Fluges.

Mit anderen Worten, sie wünschen eine derartige Regelung der neuen Lebensverhältnisse, welche, bei Beachtung der internationalen, staatlichen Rücksichten und der Rücksichten der inneren Sicherheit des Landes, die Entwicklung und Vervollkommnung dieser erhabensten Offenbarung des menschlichen Geistes ermöglicht.

Indem ich daher in unserem Vaterlande (Ungarn) durch mein Wort die Aufmerksamkeit auf dieses Rechtsgebiet zu lenken beabsichtige, kann ich Neues kaum mehr sagen, da das Neue doch von den glorreichen Helden der Luft geschaffen wurde, die bei Opferung ihres Lebens den schönsten Traum der Jahrtausende verwirklichten und in ihrem Fluge auch die Richtung der Rechtsentwicklung bezeichneten. Uns fällt bloß die Aufgabe zu, daß wir in der von ihnen gezeichneten Richtung das Recht entwickeln und pflegen und ihrem Fluge je weniger Hindernisse entgegenzustellen trachten. Erst nachdem ich meine Flagge vor diesen wirklichen Helden des menschlichen Geschlechtes tief senke, kann ich mit dem Gegenstande meines Vortrages beginnen.

Doch auch hier muß ich das Folgende voraussenden:

Im Frühjahre hörten wir in den Ländern der Zentralmächte viel und oft über die Rechtsannäherung sprechen. Wir haben auch zu dieser Frage Stellung genommen, und unsere Stellungnahme gipfelte darin, daß wir auch unsererseits die Annäherung als wünschenswert bezeichneten, jedoch mit der Bemerkung, daß unsere eigenartigen Verhältnisse, welche sich als Bestandteile unserer nationalen Individualität darstellen, auch zu beachten sein werden. Ohne Beachtung dieser soll man sich die Rechtsannäherung gewiß nicht vorstellen. Worin aber diese eigenartigen Verhältnisse bestehen, das wurde unseren Gästen auch nicht einmal beispielsweise verraten, so daß diese ein ähnliches Empfinden haben konnten, als ich an der Universität, wo ich auch viel von unseren eigenartigen Verhältnissen von meinen Professoren zu hören bekam, die gegen jene deutsche Rezeption polterten, welche nicht durch sie vollbracht wurde.

Ich kann aber Gott sei Dank konstatieren, daß wir auf dem Gebiete des Luftfluges noch keine Eigenarten aufzuweisen haben, und auch im Auslande haben sich die Institutionen nicht derart ausgestaltet, daß wir dort mit besonderen Eigenschaften zu rechnen gezwungen wären, weshalb sich der Rechtsannäherung und der gleichmäßigen Regelung ein solches Gebiet eröffnet, welches seine wohltätige Wirkung auch auf andere Rechtsgebiete nicht verfehlen wird.

Wir würden der großen Idee der Rechtsannäherung und durch diese der wirtschaftlichen Kräftigung unseres Vaterlandes einen unermeßlichen Dienst erweisen, wenn wir die Initiative dazu ergreifen würden, daß vorerst die zentraleuropäischen Mächte beschließen, auf diesem Gebiete identische Rechtsnormen zu schaffen, und dieserhalb miteinander in Verbindung treten.

Die einheitliche Regelung, Gesetzgebung ist nicht nur wichtig, sondern auch dringend, da doch dank den braven Helden der Luft die Aviatik heute schon einen solchen Grad der Entwicklung erreicht hat, daß alle Arten der Luftfahrzeuge in den Dienst eines regulären Verkehrs gestellt werden können, so daß ich glaube annehmen zu dürfen, daß es unsererseits eine kleine Erwiderung gegenüber denjenigen wäre, die das Fliegen selbst betreiben und es auch uns ermöglichen, wenn wir die Sache des Luftfluges in der Weise fördern, daß wir mit aufrichtiger Begeisterung und ehrlichem Streben, aber frei von jeder irreführenden Losung, das internationale und das sich darauf aufbauende nationale Recht des Fluges resp. der Luft schaffen.

Wenn wir aber hierdurch die bahnbrechende Arbeit vollbrachten, dann werden die übrigen Nationen nach Abschluß eines ehrlichen Friedens, zufolge unserer günstigen geographischen Lage bemüßigt sein, sich in unsere bereits fertige Arbeit einzufügen.

Damit die internationalen Rechtsnormen mit der Entwicklung des Maschinenfluges stets Schritt halten, darüber soll die von dem neu zu organisierenden internationalen Luftfahrverband zu entsendende juristische Kommission wachen.

Ich habe erwähnt, daß ich in Ungarn keinen eigenartigen Verhältnissen begegnet wäre und daß insbesondere auf dem Gebiete des Luftfluges noch keine eigenartigen Verhältnisse vorhanden wären. Leider muß ich einsehen, daß dies meinerseits ein Irrtum war, da ich gerade auf diesem Gebiete auf eigenartige Verhältnisse gestoßen bin, doch muß ich gestehen, daß ich diese in die Kategorie jener Eigenarten einzureihen bemüßigt bin, von welchen unsere nationale Individualität zu befreien, kaum als eine ruhmlose Aufgabe angesehen werden könnte.

Unsere eigenartigen Verhältnisse haben sich auf diesem Gebiete zur Genüge geltend gemacht.

Als schon der Maschinenflug längst erfunden war und die Brüder Wright und auch andere schon längst an der Vervollkommnung der Erfindung arbeiteten, wollte man bei uns noch immer das Fliegen erfinden und man hat von der Erfindung der Flugmaschinen auch damals keine Kenntnis genommen, als schon Blériot bei uns einen Schauflug veranstaltete. Bei uns wurden auf dem Rákosfelde nur fort lustige — Rollversuche gemacht. Konnte es doch der ungarische Genius nicht vertragen, daß nicht er den Maschinenflug erfinde, und ungeachtet der bisherigen Resultate, hat er nicht den bereits gefundenen Pfad betreten, sondern an Stelle dessen, daß er den Maschinenflug weiterentwickle, hat er seinen Kopf an der Erfindung des Fliegens bedauerlicherweise auch im wahren Sinne des Wortes zerbrochen.

Es wäre aber ein Unrecht, wenn ich dieserhalb unsere braven Bahnbrecher auf diesem Gebiete beschuldigen möchte. Bar jeglicher Mittel, ohne Unterstützung seitens des Staates und der vermögenden Gesellschaft, konnte es doch gar nicht anders sein. Ein Stoßseufzer soll hier andeuten, was ich besser verschweige.

Eigenartige Verhältnisse sind mir auch begegnet, als ich im Frühjahre 1914 mit dem nunmehrigen Generaldirektor Heinrich Bier der „Ungarischen Lloyd-Flugzeug- und Motorenfabrik, Aktiengesellschaft" mit dem schon damals weltberühmten Aviatiker mich um die Gründung der ungarischen Flugzeugindustrie bemüht habe. Ich hätte gedacht, daß der Ruf dieses ausgezeichneten Mannes schon an und für sich genügen dürfte, uns die Tore zu öffnen, zumal wir eine — dem Wohle des Vaterlandes dienende — Industrie zu gründen beabsichtigten. Es ereilte uns aber eine bittere Enttäuschung, da die kompetenten Faktoren sich uns gegenüber auch damals noch verschlossen haben, als Generaldirektor Bier mit unserer ersten Maschine, welche aus unserer Werkstätte in Aszód (bei Budapest) herauskam, anläßlich des Asperner Flugmeetings im Juni 1914 vier Weltrekorde verbessert resp. aufgestellt hat.

Leider mußte der Krieg ausbrechen, damit die bewunderungswürdigen Leistungen des Generaldirektors Bier zu nicht geringen Diensten des Vaterlandes werden könnten.

Ich habe mich nicht mehr darob gewundert, als sich Kompatrioten fanden, die, als auch schon unsere braven Kriegspiloten von unseren Maschinen Mailand und andere italienische Plätze mit dem bekannten Erfolge bombardierten, mich frugen, ob unsere Aszóder Flugzeuge denn auch fliegen können, oder als eine aus im Felde der ernsten Arbeit gereiften Männern erwählte Studienkommission bei Mitwirkung einer mächtigen Finanzgruppe einen ständigen internationalen Luftverkehr zu gründen plante, das in Kolozsvár erscheinende Blatt „Ujság" am 22. Juli 1916 hierüber in folgender Weise schrieb:

„Phantastische Eingabe an die Stadt. Bei Einhaltung der ordentlichen Formalitäten der Eingaben ist gestern an den Magistrat der Stadt Kolozsvár eine Eingabe mit Maschinenschrift eingelangt: Heute, wo die Feinde einander zu Wasser und Land und in der Luft mit gleicher Entschlossenheit befehden, hat die Sache nicht mehr den komischen Anstrich, doch können wir den Plan noch immer als genügend phantastisch bezeichnen, daß Ungarn von Luftverkehrsmitteln durchquert werde und daß zum Orte einer Station gerade Kolozsvár ausersehen ist.

Die Eingabe spricht hiervon ganz im Ernst. Sie sagt, daß die Flugzeuge Briefe und Pakete expedieren und sich auch auf den Personenverkehr einrichten und überhaupt die Rolle zu erfüllen gedenken, welche die ihnen gegenüber mit Schneckengeschwindigkeit verkehrenden Eisenbahnen erfüllen. Der Eingabe — welche wir auch schon als Kuriosum zu publizieren für wert halten — wird auch der Plan des Luftverkehrs beigelegt."

Daß der Schreiber dieses Artikels sein Blatt blamiert hat, ist wohl eine Frage zweiten Ranges, doch kann ich mit Fug und Recht sagen, daß uns Gott vor solchen eigenartigen Verhältnissen bewahre, und ich glaube, daß ich mich gegen meine patriotische Pflicht nicht vergehe, wenn ich den Wunsch ausspreche, wir mögen der großen Sache des Maschinenfluges diese eigenartigen Verhältnisse je früher je besser opfern.

Und nun zum eigentlichen Gegenstande.

Zweiter Abschnitt.

Die Art der Regelung.

Wie ich bereits eingangs erwähnte, haben wir die Regelung auf diesem Gebiete mit der Schaffung der internationalen Rechtsnormen zu beginnen, in welche sich das nationale, vaterländische Recht einzufügen hat.

Bei der unzweifelhaften Tatsache, daß in der Luft keine Grenzen errichtet werden können, könnte sich der Maschinenflug in gewissem Sinne und gewissermaßen eigentlich jeglicher Möglichkeit der Regelung entziehen, wenn dem Fluge des Menschen nicht die durch die beschränkte menschliche Kraft nicht besiegbaren Naturgesetze solche unübersteigbare Hindernisse entgegenstellen würden, welche auch den Maschinenflug zur Anerkennung der staatlichen Souveränität zwingen.

Jene Rechtsgelehrten, die noch darob sinnen, ob die staatliche Souveränität sich auch auf den Luftraum erstreckt, und noch darüber debattieren, ob diese Souveränität im oder am Luftraume ausgeübt werden kann, wollen es mir nicht verübeln, wenn ich im gegenwärtigen Zeitpunkte noch die diesbezügliche Souveränität des Staates ohne Streit anerkenne, und zwar — zufolge der einfachen Tatsache — daß bislang der Flug in der Höhe von über 5000 m höchstens einen sportlichen Wert besitzen kann, sich über 9000 m zu erheben überhaupt nicht mehr in der Lage ist, kann die Wehrkraft des Staates aber den noch so kühnen Luftfahrer auch von dieser Höhe herabholen resp. zur Landung zwingen.

Zu Beginn des Krieges hatten sich die Piloten in einer Höhe von ca. 600—1500 m zu halten, allmählich mußte diese Höhe gesteigert werden, so daß heute das Fliegen schon nur mehr in einer Höhe von 3000 bis 3500 m in relativer Sicherheit geschehen kann, d. h. die Abwehrbatterien können in dieser Höhe die Flugmaschine bloß mehr zufällig treffen, wobei wir aber nicht außer acht lassen können, daß die Staatsgewalt auch selbst durch Flugmaschinen das Durchfahren des eigenen Gebietes zu verwehren in der Lage ist.

Wenn also zufolge der Verdünnung der Luft der Flieger in den hohen Regionen in eine solche Luftzone gelangt, daß er ohne Gefährdung seines Lebens längere

Zeit darin nicht verbleiben könnte, da müssen wir eben die von der Natur gestellten Schranken der Freiheit des Fluges erkennen und können uns vor dieser Tatsache nicht verschließen.

Wenn es aber augenscheinlich ist, daß der Maschinenflug einesteils nur in der Schußweite der Kanonen geschehen kann, anderenteils aber dem Staat der Maschinenflug auch zur Verfügung steht, so liegt es in der Macht des Staates, auch mit Gewalt zu verhindern, daß Flugzeuge oder Luftschiffe über das Staatsterritorium auch nur in relativer Sicherheit fliegen können.

Hieraus folgt von selbst, daß die Menschheit auch mit Hilfe des Maschinenfluges, auch schon zufolge der natürlichen Hindernisse, die bestehenden staats-, zivil- und strafrechtlichen Verhältnisse zu beheben nicht imstande ist, und wir haben von der Vervollkommnung des Maschinenfluges auch den Entgang der Zolleinkünfte des Staates nicht zu befürchten.

Wenn also die Staatsgewalt mit ihren Waffen das Landen der Luftfahrzeuge zu erzwingen in der Lage ist, kann kein Zweifel darüber obwalten, daß der Staat im Interesse seiner Existenz und Machtstellung den Luftverkehr durch Normen zu regeln berechtigt ist, welche berufen sind zu verhindern, daß der Luftverkehr irgendein Interesse des Staates oder der Staatsbürger nachträglich beeinträchtige.

Wenn aber von der Staatsgewalt ferner erkannt

wird, daß das Durchfliegen des eigenen Territoriums mit fremden Luftfahrzeugen für die Sicherheit des Staates, des Lebens seiner Untertanen oder für die körperliche und Vermögenssicherheit der Staatsbürger gefahrvoll sein könnte, wenn die Luftverkehrsmittel ohne behördliche Prüfung in Verkehr gesetzt werden, oder von nicht geprüften Flugzeugführern geführt würden, ergibt sich als selbstverständlich auch die Notwendigkeit der Regelung nach dieser Richtung, welche sich aber nur so weit erstrecken kann, soweit eben diese Gesichtspunkte die Regelung als nötig erscheinen lassen.

Dritter Abschnitt.

Das Lufthoheitsrecht des Staates und die internationale Regelung.

Liszt stellt sich in seinem „Völkerrecht" (Ausgabe 1910, S. 78) auf den Standpunkt des unbedingten Lufthoheitsrechtes des Staates, welches bloß durch das „ius innoxii passagii" beschränkt ist, und begründet diesen seinen Standpunkt, insbesondere mit der unbedingt zu beachtenden Motivierung, daß es sonst leicht geschehen könnte, daß der Luftraum über neutrale Staaten zum Kampfgebiete der kriegführenden Parteien wird, woraus aber für den neutralen Staat unabsehbare Gefahren und Wirrnisse entstehen könnten.

Zitelmann geht in seinem „Luftschiffahrtrecht" vom zivilrechtlichen Standpunkte aus, um das

Lufthoheitsrecht des Staates zu erweisen, indem er ausführt, daß der Grund (Boden) mit dem Luftraum benachbart ist, das Grundeigentum aber voraussetzt, daß ihm auch Rechtsame am Luftraume zustehen. Wo aber eine Berechtigung des einzelnen vorhanden ist, dort können wir nicht mehr über Freiheit sprechen, da doch die am Luftraume ausgeübten Rechte die Freiheit des Luftraumes unzweifelhaft beschränken. Wenn nun schon das Recht des einzelnen Grundeigentümers mit Rechtsamen verbunden ist, welche am Luftraume ausgeübt werden können, dann erstreckt sich das Territorialhoheitsrecht des Staates auf den Luftraum über das Staatsgebiet derart, daß diese Herrschaft die Freiheit der Luft, d. h. die Befreiung von der darüber geübten staatlichen Gewalt, ausschließt.

Aehnliche Auffassung finden wir bei Meurer und Zorn in ihrem „Luftschiffahrtsrecht“ und bei Schneeli in seinem Werke „Das Recht der Staaten am Luftraum“.

Kohler sagt in seinem Luftfahrtrecht (1. Heft der J. Stickerschen Zeitschrift „Luftfahrt und Wissenschaft“) das Folgende: „Die privatrechtlichen Grundsätze vom Luftraum müssen auch für das Staatsrecht gelten: auch die staatliche Herrschaft erstreckt sich über den Luftraum, und von einem Grundsatze, daß dieser überhaupt oder von bestimmter Höhe aus frei wäre, wie der Ozean, kann keine Rede sein.“ Kohler verweist auf den Unterschied zwischen der Freiheit des

Meeres und der Luft und weist auf die Gefahren, welche aus der Freiheit der Luft entstehen könnten, und fort fährt: „... und auch diejenigen, welche den Satz aufstellen: ‚L'air est libre' machen so viele Ausnahmen und geben namentlich im Kriege den Staaten so viele Rechte der Einwirkung, daß von einem staatenlosen Luftmeergebiete nicht mehr die Rede sein kann. Dagegen muß man allerdings ebenso, wie beim Eigentum, auch hier den Satz aufstellen, daß innerhalb bestimmter Schranken die Luftfahrzeuge passieren dürfen" (dies ist allerdings eine etwas beengte Berechtigung), „denn die Innehaltung der Landesgrenzen ist selbst bei den lenkbaren Fahrzeugen oft unmöglich, und jedenfalls lassen sie sich nicht festhalten, wenn man die Luftfahrt zu einem Mittel der freien und schnellen Personenbeförderung ausbilden will."

Demgegenüber geht Fauchille, der Propagator der Losung „L'air est libre", vom Prinzipe der Freiheit der Luft aus. Siehe: „Le domaine aérien et le régime juridique des aérostats (Revue générale de droit international public, Tome VIII, Paris 1901) und „La circulation aérienne et les droits des Etats en temps de paix" (Revue juridique internationale de la locomotion aérienne, Janvier 1910). Er findet eine Anzahl von Anhängern, so Meili, Warschauer, Bielenberg. Dieser letztere geht in seinem im Jahre 1911 in Berlin erschienenen Werke „Die Freiheit des Luftraumes" so weit, daß er behauptet (S. 72): „Während der Versuch, die Eigentums- resp. Souveränitätsfähigkeit des Luftraumes aus Normen des positiven Rechts herzuleiten oder als bereits geltendes Recht hinzustellen, mißlungen ist, muß man andererseits die Freiheit des Luftraumes als bereits geltendes Völkerrecht bezeichnen", da, wie er sagt, das „Institut de droit international" in seiner Sitzung vom 22. September 1906 den Satz Fauchille's, kurz „L'air est libre" genannt, akzeptiert hat und die Beschlüsse dieses Instituts sich als Quellen des geltenden internationalen Rechtes darstellen.

Wie weit es mit der Wirksamkeit der Beschlüsse des „Institut de droit international" her ist, das hat der Krieg zur Evidenz erwiesen, und hier ist Herrn Bielenberg offenbar eine große Enttäuschung geworden. Wenn er aber glaubt, daß der Satz Fauchille's die Freiheit der Luft bedeutet — geschweige, daß er diese sichert — irrt er auch gewaltig, da doch der nächste Satz, welcher die unumgängliche Einschränkung enthält, inhaltlich zum selben Resultat gelangt, wie diejenigen Schriftsteller, die das Lufthoheitsrecht des Staates anerkennen und innerhalb desselben dem Maschinenfluge des Menschen die nur möglichen Konzessionen gewähren.

Der durch das „Institut de droit international" im Jahre 1906 genehmigte Satz Fauchille's lautet, wie folgt:

„L'air est libre. Les états n'ont sur lui, en temps de paix et en temps de guerre, que les droits necessaires à leur conservation".

Kaum ist der Krieg ausgebrochen, so war dies — wenn es als geltendes Recht überhaupt jemals anerkannt wurde — der erste Rechtssatz, welcher in jedem kriegführenden Staate ohne Ausnahme zum Opfer fiel. Jeder Staat hat seinen Bürgern das Fliegen untersagt. Das Fliegen war nur zu militärischen Zwecken gestattet. Die Luftfahrzeuge haben entsprechende Abzeichen erhalten, und Flugzeuge und Luftschiffe mit anderen Abzeichen waren bedroht, abgeschossen zu werden.

Und wie wirksam dieses Verbot war, haben die Folgen erwiesen, da doch auch die feindlichen Luftangriffe nicht sehr weit über die Front geschehen konnten und im Tiefinnern des Landes die feindlichen Flieger oder Luftschiffer kaum Schäden verursachten, weil sie einesteils bloß an den Ufern, — am festen Lande nicht in übergroßer Entfernung von der Aufstiegbasis die Luftangriffe vornehmen konnten, und zwar nicht etwa wegen der Unzulänglichkeit der Maschinen, sondern wegen der steigenden Gefahren des Abschießens.

Derart hat der Satz Fauchille's seinen Platz nicht behauptet, aber nur insofern nicht, als er seinen Satz mit einer falschen Firma versah, weil der Satz inhaltlich eigentlich identisch ist mit der Anerkennung des Lufthoheitsrechtes des Staates, wie auch anderen Teiles die Anhänger der staatlichen Lufthoheitsrechtes hinwider gern zugeben, daß der Staat in der Ausübung der Lufthoheitsrechte den Maschinenflug des Menschen ohne Not nicht hemmen und resp. den Flug nicht erschweren soll.

Daß wir es auch nicht mit jenen Schriftstellern halten können, die bis zu einer numerisch festgesetzten Höhe das staatliche Lufthoheitsrecht anerkennen, wie z. B. von Holtzendorff, v. Bar, Neubauer und Rolland, das bedarf kaum einer näheren Motivierung, weil — und dieser Satz wird innerhalb absehbarer Zeit kaum zu stürzen sein — das Hoheitsrecht des Staates in der Luft so weit reicht, so weit als seine Macht in der Luft. Daß dieser Satz nicht neu ist, das will niemand behaupten, da schon Bluntschli in seinem im Jahre 1878 erschienenen Werke „Das moderne Völker der zivilisierten Staaten" von diesem Satz ausgegangen ist. Hilty erklärt aber in seinem Essay „Die völkerrechtlichen Gebräuche in der atmosphärischen Zone" (s. Archiv für öffentliches Recht vom Jahre 1904, Bd. XIX, S. 87): „Die Territorialhoheit reicht so weit, als die Macht."

Die Differenz, welche zwischen den zwei entgegengesetzten Auffassungen besteht, entsprießt, wie wir gesehen, aus den Theorien betreffs des Besitzes, resp. des Besitzerwerbes. Diejenigen, die behaupten, daß dem Staate am Luftraume über sein Territorium kein Hoheitsrecht zusteht, gehen von dem Grundsatz aus, daß doch der Staat nicht imstande ist, die Luft ständig in Besitz zu nehmen und resp. darin zu behalten, ein Eigentumsrecht aber bloß ein dauernder Besitz sichern kann. Wohingegen jene, die ihre Lanze für das Lufthoheitsrecht des Staates brechen, diesen Rechtssatz auch nicht genehmigen, weil sie behaupten, daß das Eigentum und auch das Hoheitsrecht sich nicht bloß darauf erstrecken könne, was in Besitz genommen und darin verwahrt werden kann, zumal auch das nicht tatsächliche Inbesitzhalten das Kriterium des Besitzes ist, sondern allein die Möglichkeit: den Besitz zu schützen. Wenn wir nun diesen Satz schon im Privatrecht anerkannt haben, begegnet es keinem Hindernisse auch das Lufthoheitsrecht des Staates bis zu jener Grenze anzuerkennen, bis zu welcher er dieses Recht zu schützen imstande ist, wenn er den körperlichen Besitz darauf auch nicht ausübt, und so können wir auch den Satz Chrétien's nicht billigen, welcher in seinem in Paris 1893 erschienenen Werke „Principes de droit international public“ wie folgt ausgedrückt wurde: „L'acquisition de la possession est souvent non la cause, mais l'effet de l'acquisition de la proprieté, au contraire, l'acquisition de la souveraineté n'est jamais, que la conséquence d'une possession matérielle, légitime ou légitimée ex post facto.“

Solche Theorien, die Stellungnahme dafür oder

dagegen, bringen die Sache mit keinem Schritte vorwärts und wir können uns auch in der Regelung des Luftrechtes von keinerlei Theorien führen lassen, sobald wir erkennen, daß sie den Maschinenflug des Menschen oder der Entwicklung desselben im Wege stehen, ohne daß dies staatliche oder sonstige Interessen der öffentlichen Sicherheit erfordern. Dies bedeutet eigentlich eine Annäherung zum Prinzipe des „L'air est libre“, der Luftfreiheit. Ich gestehe aufrichtig, daß dem so ist, doch bedeutet es nur eben eine Annäherung und keine Anerkennung, da wir doch diesen Wunsch mit der beschränkten menschlichen Kraft niemals erreichen können, demzufolge können wir ihm auch nicht als geltenden Rechtssatz aufstellen. Daß aber das staatliche Lufthoheitsrecht der Aviatik immer mehr und mehr Raum gewähren wird, ohne daß die Souveränität dadurch leide, das ist unzweifelhaft. Und daß wir praktisch eben dorthin gelangen, wohin Fauchille und seine Gefolgschaft, das ist auch sicher, doch wir auf geradem Wege und nicht unter falscher Flagge und falschen Losungen.

Vierter Abschnitt.

Von den Verbotszonen.

Ich glaube, wir haben es täglich erfahren, in welcher Art die Kriegsleitung schon in dem gegenwärtig wütenden Kriege durch den Maschinenflug umgestaltet wurde, und ich könnte sagen, daß es heute schon mehr von historischer Bedeutung ist, wenn wir aus Staatsrücksichten für nötig erklären, daß die Staatsgewalt das Fliegen über Festungen, Befestigungen und überhaupt über militärische Werke verbieten könne. Kann doch dieses Verbot nur im Frieden erfolgreich sein, zumal mit der Kriegserklärung die Auskundschaftung, so weit dies aus der Luft überhaupt möglich ist, sofort erfolgen könnte. Es werden z. B. auch die Deckungen im Felde derart hergestellt, daß sie aus der Luft nicht erkennbar sind. Ja selbst die Flugzeuge bekommen einen Farbenanstrich, damit sie am Erdboden von den Fliegern nur sehr schwer gesichtet werden können.

Heute müssen wir es aber noch für natürlich finden daß die Gesichtspunkte der Staatssicherheit die Feststellung von Verbotszonen noch nötig machen, deren Ueberfliegen auch für vaterländische (nicht militärische) Luftfahrzeuge verboten sein wird (Hinderung der Spionage). Daß diese Verbotszonen oder zu mindest der überwiegende Teil derselben nur von transitorischer Bedeutung sein werden, darob kann ich keinen Moment zweifeln, da doch die militärischen Festungen Befestigungen und Werke schon auch im Frieden dergestalt zu errichten sein werden, daß diese aus der Luft nicht bemerkt werden können, dann aber ist die Aufrechterhaltung der Verbotszonen nicht nötig, oder aber deshalb, weil sie aus der Luft sofort ausgekundschaftet werden könnten, als überflüssig gar nicht errichtet würden. Soweit können wir schon vielleicht auch heute in die Zukunft sehen und prophezeien, daß die Bedeutung der Grenzfestungen und anderer ähnlicher militärischen Werke mit der Entwicklung der Luftfahrzeuge schwindet .....

Hier muß ich aber mich mit einigen Gedankenstrichen begnügen, da die Beschreibung der Perspektive der Zukunft, wie ich diese mit meinem geistigen Auge sehe, mich vom Gegenstande weit entführen würde.

Wenn wir daher den Querschnitt der unmittelbaren Gegenwart betrachten, werden wir dort die Notwendigkeit der Verbotszonen vielleicht noch finden und so wird es heute noch nicht überflüssig sein, wenn wir per tangentem jene Fragen aufzählen, auf welche sich die internationale Regelung noch zu erstrecken haben wird. Derart wird nötig werden:

1) die Feststellung der Grenzzeichen, damit die Verbotszonen aus der Luft leicht erkannt werden können,

2) die Arten der Errichtung, der Aenderung, und der Sistierung der Verbotszonen und die Notifizierung derselben an die Auslandsmächte.

All dies, als auch die Sicherung der Einhaltung dieser Normen, die Festellung der Sanktionen, gehört zur Aufgabe der Staatsverträge.

Im selben Kreise sind die das Absteigen gebietenden Zeichen festzustellen, welche den auf die sich widersetzenden Luftfahrzeug abzugebenden Schüssen vorangehen (sichtbare und hörbare Signale). Es werden die Normen der Beschau und der Durchsuchung der absteigenden Luftfahrzeuge und deren Reisende festzustellen sein. Hier sind Unterschiede darin zu machen, ob es sich um ein Militär- oder Zivil-Luftfahrzeug handelt, oder aber ob der Führer, oder die Reisenden des Luftfahrzeuges Militärpersonen in Uniform sind.

Das Verfahren ist auch je nachdem festzustellen, ob es sich um einen unwillkürlichen Durchflug, oder aber um die absichtliche Verletzung der Normen handelt.

Es sind ferner diejenigen Gegenstände zu bezeichnen, welche zum Transporte auf Luftfahrzeugen nicht zugelassen sind (photographische, Vermessungs-, Telegraphen- oder ähnliche Apparate, welche eine erfolgreiche Spionage ermöglichen) ferner auch die Folgen, wenn beim Dursuchen solche dennoch gefunden werden.

Dabei ist natürlich zu beachten, daß bloß solche Verbote aufgestellt werden, welche nicht mit Leichtigkeit umgangen werden können und sich daher als keine überflüssige Belästigung der Flieger darstellen.

Es ist ein unerläßliches Postulat der Wirksamkeit der staatlichen Lufthoheitsrechte, daß die Flughäfen staatlich konzessioniert werden, wobei man sich auch demgegenüber nicht verschließen kann, daß solche Konzessionen nur mit Zustimmung der Heeresverwaltung erteilt werden.

Dies bürgt schon an und für sich dafür, daß der

Maschinenflug das Leben, die körperliche und vermögensrechtliche Sicherheit der Staatsbürger kaum gefährdet. Denn, wenn das Auf- und Absteigen nur auf derart behördlich konzessionierten und resp. von solchen. Flughäfen erfolgt, wo allerdings sofort auch kontrolliert werden kann, ob die polizeilichen Normen eingehalten wurden, die etwaigen Uebertretungen aber mit entsprechend schweren Strafsanktionen bedroht sind, wird das Fliegen bloß für solche Luftfahrzeuge möglich werden, welche in bezug auf die Maschine ebenso, als auch betreffend den Führer des Luftfahrzeuges den diesfälligen Bestimmungen entsprechen. Deshalb hat jedes Luftfahrzeug ein Bordbuch mit sich zu führen, in welchem jeder Weg authentisch einzutragen ist und welches auch die Legitimationsdaten für die Maschine und deren Führer, als auch die Daten bezüglich die Reisenden enthält.

Hierbei ist aber im Interesse der Entwicklung des Flugsportes und der Privatflugzeuge zu erwägen, wie weit für diese Erleichterungen bewilligt werden sollen, damit diese in ihrer Freiheit so wenig, als nur möglich gehindert werden.

Es ist natürlich, daß der Luftverkehr nicht auf gewisse Luftlinien beschränkt werden kann, doch werden gewisse international geltende Normen unvermeidlich sein, welche den Zusammenstößen der Luftfahrzeuge vorzubeugen berufen sind, wie solche auch bereits durch die F. A. J. festgesetzt sind.

Hieraus folgt von selbst, daß der Staat außer der Konzessionierung der Flughäfen für den Maschinenflug die Berechtigung nur dann als bestehend anerkennen wird, wenn die Einhaltung der Polizeivorschriften so bezüglich der Maschine, als auch bezüglich des Führers derselben nachgewiesen sind (die behördliche Prüfung der Maschine und Piloten-Prüfung).

Es ist von rechtshistorischem und allgemein politischem Interesse, die vor Ausbruche des Krieges schon festgestellt gewesenen Verbotszonen kennen zu lernen.

Es sei mir gestattet, an Hand der Karte, welche im Frühjahr 1914 in den als Separat-Ausgabe der „Deutschen Luftfahrer-Zeitschrift“ erschienenen Hefte die „Regelung des Luftverkehrs“ publiziert wurde, diese Verbotszonen bekannt zu geben, diese sind: das südliche und östliche Ufergebiet Englands in überwiegendem Teile, die südöstlichen Ufergebiete bis London und bloß einige Stellen des westlichen Ufers. Die östlichen Grenzplätze Frankreichs, westlich Rochefort, La Rochelle, Lorient, nördlich Brest, Cherbourg und die Gegend von Dünkirchen (die belgische Grenze ist sozusagen frei), die westlichen Grenzplätze Deutschlands, als auch diejenigen gegen Belgien; im Norden der Teil gegen die Nordsee, Kiel, Lübeck, Swinemünde, Danzig, Pillau, Königsberg, Insterburg, Ortelsburg, Graudenz, Thorn, Posen, Küstrin, Glogau, Breslau, Glatz.

In Oesterreich die Grenzen gegen Italien und

die Gegenden Krakau, Przemysl, Lemberg, Czernowitz. In Ungarn und Bosnien und Herzegowina das Grenzgebiet gegen Serbien. Rumänien ist frei. Rußland hat das Fliegen den ausländischen Luftfahrzeugen über sein Territorium ganz verboten.

Abgesehen von den Verbotszonen haben wir für nicht militärische Luftfahrzeuge oder für Flüge nicht zu militärischen Zwecken die internationale Freiheit des Fluges mit der Bemerkung anzusprechen, daß die im Sinne ihres vaterländischen Gesetzes ordnungsgemäß angemeldeten und mit ordnungsgemäßen Zeichen versehenen Zivilluftfahrzeuge, wo immer im Auslande frei fliegen und die Flughäfen mit den inländischen Flugzeugen in gleicher Weise in dem Falle benützen dürfen, wenn sich das betreffende Luftfahrzeug resp. der Führer desselben den militärischen Zoll- und polizeilichen Vorschriften des betreffenden Landes unterwirft. Damit dieses Prinzip einerseits entsprechend zur Geltung gelange, andererseits aber die Anforderungen für die Sicherheit des Lebens, der körperlichen und vermögensrechtlichen Sicherheit der Staatsbürger entsprechend respektiert werden, ist eine sehr sorgfältige und umsichtige Aufarbeitung der bezüglichen Materie dringend geboten.

Wenn es auch noch so verlockend erscheint, sich mit den angedeuteten Fragen eingehend zu beschäftigen, halte ich es doch noch nicht für zeitgemäß, in die Einzelheiten der Fragen jetzt einzudringen, ich habe vielmehr die Fragen bloß zu vermerken versucht und höchstens die Richtung der Lösung derselben angedeutet.

Bevor ich aber auf eine andere Gruppe der nötigen Normen übergehe, von welcher ich eingehender zu sprechen wünsche, kann ich nicht umhin, eines geistreichen Ausspruches des Universitätsprofessors Ernst Zittelmann in Bonn zu gedenken — in jenem Vortrage, welchen er am 25. September 1913 in der Eröffnungssitzung des III. internationalen Kongresses für Luftrecht zu Frankfurt gehalten — in welchem er sagt:

„Das gerade ist der eigentümliche, mit nichts vergleichbare Reiz der Jurisprudenz, das ist — ich möchte das kühne Wort wagen — die Poesie der Beschäftigung mit ihr: dieses beständige Lauschen und Lauern auf alles Neue, was sich in der Tatsachenwelt der menschlichen Gemeinschaft herausbildet, dieses beständige die Hand am Puls des wirklichen Lebens Halten. Allem muß die Jurisprudenz gerecht werden können. Und darum ist die wichtigste Forderung an den Juristen die: er darf kein starres System haben, für ihn ist dieser Typus durchaus zu verwerfen, nur das unstarre System ist für ihn berechtigt!"

Das heißt, wenn es unsere Aufgabe ist, das Luftrecht zu schaffen, dann können wir uns darin auch von hundert- oder auch tausendjährigen Rechtsprinzipien nicht behindern lassen, sondern haben diese ohne Zaudern und Schmerz umzustoßen, sobald wir erkennen, daß das Prinzip falsch war und es sich eigentlich um eine Fiktion handelt, welche nicht einen Moment länger bestehen kann, bis die reale Wirklichkeit die Unmöglichkeit der Fiktion erweist.

Nie war ich ein Freund der Rechtsfiktionen, welche im Rechte, das doch die Verwirklichung der Gerechtigkeit anstrebt, am allerwenigsten am Platze sind. Es hat mich immer verdrossen, so oft ich in Gesetzen oder in Entwürfen gelesen habe, wie z. B. „wenn er niemals im Lande gewohnt hat, ist er so zu betrachten, als wenn er in Budapest gewohnt hätte“, an Stelle dessen, daß wir kraft des Gesetzes einfach erklären, daß in solchen Fällen das Gericht in Budapest kompetent ist. Solche Arten der Gesetzgebung sind weniger geeignet, die Staatsbürger zur Wahrheitsliebe zu erziehen.

Wenn wir uns daher einesteils vor solchen Fiktionen zu hüten haben, haben wir andernteils auch gegenüber den Losungsworten eine große Behutsamkeit an den Tag zu legen.

Wie gern ich auch den Luftverkehr von jeglichen Fesseln befreien möchte, kann ich mich nicht in die Reihe derjenigen stellen, die heute noch ohne wahren Inhalt die Freiheit des Luftraumes ausrufen. Haben wir doch gesehen, daß die Natur den Flug an und für sich in Schranken hält, aber wir können am allerwenigsten unsere staatliche Existenz und Sicherheit dem Prinzipe der „Freiheit des Luftraumes“ opfern, bislang nicht die Zeit gekommen ist, in welcher das Lamm neben dem Tiger haust und der Wolf das Lämmchen nährt.

Fünfter Abschnitt.

Das Verhältnis des Luftrechtes zum Grundeigentum.

Eine der Hauptfragen, zu welcher schon die Rechtsgelehrten aller Herren Länder Stellung genommen haben und deren Literatur schon eine kleine Bibliothek ausmacht, ist diejenige, ob der Luftverkehr das Grundeigentum nicht tangiert oder gar verletzt.

Ueber diese Frage will ich mich auch ein wenig auslassen. Der Weg der Rechtsentwicklung führt zu dem angeblichen Satz des römischen Rechtes, daß die Luftsäule über dem Boden dem Eigentümer desselben zustände. In Wahrheit entstand dieser Satz in der Zeit der Glossatoren, da Cino v. Pistoja der erste war, der erklärt hat: „cujus est solum, ejus debet esse usque ad coelum“.

Monich führt in seiner Abhandlung „Der Umfang des Gegenstandes des Grundeigentums und die befugte Einwirkung nach dem BGB.“ 1 (Jherings Jahrbücher für die Dogmatik des bürgerlichen Rechtes, 38. Bd., 2. Folge 2. Bd., Jena 1898)“ sehr zutreffend aus:

„Der Glossator denkt sich offenbar die Luftsäule als bis an das Himmelsgewölbe reichende superficies, eine in jeder Beziehung bodenlose Anschauung, welche aber von der Doktrin adoptiert wurde.“

Zur Zeit der Glossatoren hat die derartige Aufstellung des Satzes wenig Wasser, d. h. wenig Luft getrübt, und man konnte den Grundeigentümern das freudevolle Bewußtsein lassen, daß ihr Eigentumsrecht an der Luftsäule oder auch in derselben bis zum Himmel reicht. Es ist aber unzweifelhaft, daß wir diesen Rechtssatz, solange er in Richtigkeit ein solcher war, im Zeitalter des ordnungsmäßigen Luftverkehrs einer gründlichen Revision unterziehen müssen, resp. wir müssen es untersuchen, ob es richtig ist, daß das Grundeigentumsrecht auch über die Luftsäule ein Eigentumsrecht, oder ein Recht überhaupt und in welchem Umfange, in sich birgt, resp. ob ein Recht besteht, welches andere aus der Mitbenützung der Luftsäule ausschließt. Das Eigentumsrecht betreffs einer Sache kann naturgemäß mit dem Inhalt des staatlichen Hoheitsrechts nicht verglichen werden, denn, bisweilen beim staatlichen Hoheitsrecht das unbeschränkte Recht die Norm ist, erstrecken sich die, den Individuen zustehenden privatrechtlichen Rechtsame wahrlich nur bis zur Grenze der Möglichkeit des tatsächlichen Besitzes. Dort, wo der tatsächliche Besitz an solche Hindernisse stößt, gegen welche der Grundeigentümer den Besitz mit rechtlichen Herrschaftsmitteln, zu welchen ich auch die prozessualen Mittel miteinrechne zu verwirklichen nicht mehr in der Lage ist, müssen wir zumindest Zweifel daran setzen, ob der Rechtskreis, welcher mit dem Eigentum des Bodens verbunden ist, sich auch auf Sachen erstreckt, welche nicht in Besitz genommen werden können.

Wenn wir nun bedenken, daß die Luftsäule über dem Boden niemals aufhört Luftsäule zu sein, wenn wir noch so viel durch dieselbe hin und her fahren, müssen wir erkennen, daß der Eigentümer des Bodens an derselben keinen Besitz ergreifen kann, da doch auch der Inhalt der Luftsäule von Moment zu Moment abwechselt — strömt doch in dieselbe fortwährend andere Luft — dieselbe daher als körperliche Sache rechtlich auch nicht in Besitz genommen werden kann; anderenteils kann sie auch nicht nach den Normen, welche sich auf körperliche Sachen beziehen, beurteilt werden, da doch betreffend die Luft als solche niemand ein einen anderen ausschließendes Recht auszuüben vermag. Die Luft als solche ist daher par excellence communis omnium res, und wo immer diese sei, kann auf diese niemand, also auch der Grundeigentümer nicht, ein ausschließendes Recht ausüben. Auch der Grundeigentümer kann die Luft genießen, er kann auch Teilgenießer der Luft sein, er kann es aber niemandem verwehren, daß er Luft, welche aus seiner Luftsäule stammt, schöpfe.

Wenn wir über die uns besonders interessierenden Gesetzesstellen und auch über einige Literaturquellen eine kleine Schau halten, eröffnen sich uns die folgenden interessanten Ausblicke:

Unser Werböczy zählt in seinem Tripartitum, I. Teil, 24. Kapitel „Quid sit ius regium definitive, et quid ius possessionarium" diejenigen Rechte auf, welche das Besitzrecht enthält. Im § 8 dieses Kapitels sind die Zubehöre detailliert aufgezählt, wir finden aber im ganzen Caput keine Spur von der Luftsäule. Wir finden auch bei den alten ungarischen Rechtsschriftstellern keine Erwähnung betreffend das sich auf die Luftsäule erstreckende Eigentum.

Ich erwähne von diesen das Werk Ignaz Franks „A közigazság törvénye Magyarhonban", wo wir im § 134 das Folgende lesen: „Vom Grundeigentum. Besonders das Eigentum des Grundes ist mit vielen Freiheiten, aber auch mit vielen Lasten verbunden. Dem Eigentümer gehört nicht nur die Bodenfläche, sondern gewöhnlich auch das, was darunter, darauf oder darüber gefunden wird. Ihm gehört z. B. Ton, Kalk, Stein, Kohle. Ueber Salz- und Edelmetallgruben als auch betreffend des gefundenen Schatzes existieren besondere Gesetze oder Verfügungen. Ihm gehört ferner alles Wasser" usw., und es folgt die Aufzählung der Wasserrechte und der Einschränkungen. Vom Lufteigentum ist aber keine Erwähnung getan.

Der Code Napoléon beschäftigt sich in den

§§ 544—577 mit der Regelung des Eigentumsrechts. Bekanntlich stellt der Code Napoléon den Inhalt des Eigentums in der uneingeschränkten Ausnützung der Sache derart fest, daß die Ausnützung das Gesetz oder die Verordnungen nicht verletze.

Der Code Napoléon beschäftigt sich auch mit den Zubehören an Immobilien und Mobilien, verweist aber die Luftsäulen nicht in den Inhaltskreis des Grundeigentums (siehe § 552).

Im § 297 des Oesterreichischen bürgerlichen Gesetzbuches lesen wir aber: „Ebenso gehören zu den unbeweglichen Sachen diejenigen, welche auf Grund und Boden in der Absicht aufgeführt werden, daß sie stets darauf bleiben sollen, als: Häuser und andere Gebäude mit den in senkrechter Linie darüber befindlichen Luftsäulen“ etc.

Unger erwähnt in dem Kapitel „Juristisch bedeutende Eigenschaften der Sachen“ seines „System des österreichischen allgemeinen Privatrechtes“ in Zusammenhang mit der Abhandlung über § 297 nichts über die rechtliche Natur der Luftsäule. Er betrachtet diese als eine „quantité négligeable“, da er doch im Kapitel „Begriff der Sache“ der Natur der Sache entsprechend die Luft und das Meer als res communis omnium erklärt.

Daß man in Oesterreich diesen Satz des Oesterreichischen bürgerlichen Gesetzbuches niemals ernst genommen hat, bewiesen die diesbezüglichen obergerichtlichen Entscheidungen auch ältesten Jahrgangs. Der k. k. Oberste Gerichtshof sagt in seiner Entscheidung vom 2. April 1873 Zahl 3067 wörtlich, wie folgt:

„Die senkrechte Luftsäule über einem Grundstücke gehört, soweit eine Herrschaft darüber möglich ist, zum Grund und Boden. Der Besitzer eines Gesimses in dieser Luftsäule ist als solcher im Besitze derselben, für welchen besondere Besitzhandlungen, außer jenen des Besitzes des Gutes nicht nachzuweisen sind.“

In seiner Entscheidung vom 28. September 1869 unter Zahl 10518 heißt es: „In der Anbringung von Fensterläden, welche, wenn sie geöffnet würden, in den Luftraum des Nachbars hineinragten, liegt keine Besitzstörung.“

Die Entscheidung vom 18. Mai 1859 unter Zahl 5259 lautet, wie folgt: „Die Besorgnis, daß durch die Anpflanzung einer lebenden Wand dicht an der Grenzmauer des Nachbarn diese infolge Beschattung und Feuchtigkeit beschädigt werden könnte, kann das Verfügungsrecht über den oberhalb des Grundes befindlichen Luftraum nicht hemmen.“

Hiernach ist es interessant, den Antrag des Professors an der Universität in Wien Dr. Hans Sperl kennen zu lernen, welchen der k. k. öster. Aero-Club der „Fédération aéronautique international“ im Interesse eines einheitlichen Luftverkehrsrechtes unterbreitet hat:

„Der Grundeigentümer kann gegen eine Durchfahrung des oberhalb seines Grundstückes befindlichen Luftraumes dann keine Einsprache erheben, wenn dadurch die Nützung und der ruhige Genuß des Grundes und der Gebäude nicht beeinträchtigt wird. Den Rechten des Grundbesitzers am Luftraume wird durch solche Durchfahrungen in keiner Weise präjudiziert."

Siehe! also das Festhalten an dem offenkundig schon verjährten Satz des österreichischen bürgerlichen Gesetzbuches. — Hier muß ich erwähnen, daß der novellarische Entwurf des österreichischen bürgerlichen Gesetzbuches vom Jahre 1907 wohl den § 297 ergänzt, diese Ergänzung aber mit unserer Frage in keinem Zusammenhang steht, da § 66 des novellarischen Entwurfes bloß das Zubehörverhältnis der Maschinen zum Fabriksgrund pertraktiert, welchen Paragraphen die mit der kaiserlichen Verordnung vom 19. März 1916 herausgegebene „Dritte Teilnovelle" im § 10 als Absatz a.) des § 297 des österreichischen bürgerlichen Gesetzbuches einschaltet.

Das deutsche bürgerliche Gesetzbuch bestimmt betreffend Grundeigentum in § 905, wie folgt:

„Das Recht des Eigentümers eines Grundstücks erstreckt sich auf den Raum über der Oberfläche und auf den Erdkörper unter der Oberfläche. Der Eigentümer kann jedoch Einwirkungen nicht verbieten, die in solcher Höhe oder Tiefe vorgenommen werden, daß er an der Ausschließung kein Interesse hat."

Demgegenüber wird das Grundeigentum im schweizerischen bürgerlichen Gesetzbuch im § 667, wie folgt, dekretiert:

„Das Eigentum an Grund und Boden erstreckt sich nach oben und unten auf den Luftraum und das Erdreich, soweit für die Ausübung des Eigentums ein Interesse besteht."

Kohler zieht in Gegenüberstellung der beiden zum deutschen Texte. Ich meinerseits gebe dem schweizerischen Texte den Vorrang, und es dient mir zur nicht geringen Freude, daß bis der erste Text unseres (des ungarischen) bürgerlichen Gesetzbuches im § 569 sozusagen die wörtliche Uebersetzung des deutschen Textes enthielt, der zweite Text (unseres ungarischen bürgerlichen Gesetzbuches) im § 404 sich mehr an den schweizerischen Text anlehnt und hierdurch für die Bedürfnisse des Luftverkehrs eine vollkommen entsprechende Lösung gefunden hat, indem er sagt: „Das Recht des Grundeigentümers erstreckt sich auf den Luftraum über dem Grund und auf das Erdreich darunter so weit, als die Ausübung des Eigentums noch im Interesse steht."

Anläßlich der kommissionellen Verhandlung im Abgeordnetenhause wurde dieser Text ein wenig geändert und soll nun § 404, wie folgt lauten: „Das Recht des Grundeigentümers erstreckt sich auf den Luftraum über dem Grund und auf das Erdreich darunter so weit, als die Ausübung des Eigentums noch in seinem Interesse steht."

Der Text des deutschen bürgerlichen Gesetzbuches anerkennt daher auch das Eigentum an der Luftsäule bis ins Unendliche, oder sagen wir mit modernerer Auffassung bis zur Grenze der Atmosphäre, und beschränkt den Eigentümer nur insofern, daß dieser Einwirkungen nicht verbieten kann, welche sein Interesse nicht verletzen, während das schweizerische bürgerliche Gesetzbuch und der Entwurf des ungarischen bürgerlichen Gesetzbuches in seiner heutigen Gestalt, die Zweckmäßigkeit im Rechte vor Augen haltend, dieses uneingeschränkte Eigentum nicht anerkennen und den Inhalt desselben auf die Interessensphäre des Grundeigentümers beschränken. — Eine solche Tendenz verfolgt beinahe ausnahmslos auch die moderne ungarische Rechtsliteratur (Zlinszky, Raffay, Ágoston, Lányi etc.) mit sehr interessanter Begründung Almási, doch mit prägnantestem Zielbewußtsein Gustav v. Schwarz in seinem Werke „Neue Richtungen im Zivilrechte", in welchem wir auf S. 119, wie folgt, lesen: „Welches sind die Grenzen des immobilen Eigentumsrechtes? Nach der älteren Lehre erstreckt sich das Eigentumsrecht auf die Oberfläche der Realität, auf das Erdreich darunter bis zum Mittelpunkt der Erde und auf den Raum darüber bis zur Grenze der Atmosphäre, und zufolge seines Eigentumsrechtes kann er auf seinem Grund, sofern das Gesetz oder die erworbenen Rechte anderer dem nicht im Wege stehen, das tun, was ihm beliebt, und kann jedermann jegliche Einwirkung darauf verbieten. So oder ähnlich lauten die usuellen

Definitionen des immobilen Eigentumsrechtes. Heute wissen wir schon, daß eine solche Feststellung bloß eine traditionelle Redensart ist und jedes Wort derselben nur „cum grano salis“ genommen werden kann. Das Eigentumsrecht hat, wie jedes andere Recht, einen sozialen Zweck. Nicht deshalb, weil das persönliche Interesse des A die Ausnützung der immobilen Sache erheischt, sondern weil es im Interesse der Gesellschaft ist (oder wir sehen es noch derzeit als im Interesse derselben stehend an), daß die immobilen Sachen individuell ausgenützt werden. Dieserhalb und im Interesse dieses Zweckes anerkennt die heutige Rechtsordnung das individuelle Eigentum an immobilen Sachen, und soweit dieser Zweck dem Eigentumsrechte den Inhalt verleiht, steckt er ihm auch die Grenzen. Deshalb erstreckt sich die räumliche Grenze des Eigentums nur so weit, als eben das aus öffentlichem Interesse des Rechtsschutzes noch würdig erachtete Interesse des Eigentümers reicht.

Ein solches des Schutzes würdiges Interesse hat aber der Eigentümer weder bis zum Mittelpunkte der Erde noch aber bis zur Grenze des Lufthimmels. Das Eigentumsrecht kann also bis zu solcher Grenze auch nicht reichen: Der Entwurf des ungarischen bürgerlichen Gesetzbuches sagt (hier ist vom ersten Texte die Rede, § 569). Das Recht des Grundeigentümers erstreckt sich auf dem Raum über den Boden und — sofern das Berggesetz nicht anders verfügt — auf das Erdreich darunter; der Eigentümer ist aber verpflichtet, jene Einwirkungen zu dulden, die in solcher Höhe oder Tiefe vorgenommen werden, daß sie sein Interesse nicht verletzen. Diese Formulierung drückt aber den Gedanken nicht richtig aus. Der Zweck des Eigentums steckt nicht nur der Rechtsausübung, sondern dem Eigentumsrechte selbst auch die Grenzen.

Wenn das lenkbare Luftschiff die Luft in 1000 Fuß Höhe durchquert, geht es nicht durch das Eigentum so vieler Menschen hindurch, als wie viele Gebiete unter dem Luftschiff liegen, sondern geht durch den herrenlosen Luftraum hindurch, und soweit der Zweck des Eigentums dem Eigentumsrechte die räumliche Grenze steckt, steckt er auch die inhaltliche Grenze desselben. Das Eigentumsrecht war niemals und ist auch heute nicht das, wofür es die alte Lehre ausgegeben hat, die unbeschränkte Macht über die Sache, sondern das Eigentumsrecht ist auch ebenso, wie die übrigen Sachenrechte, etwas Beschränktes, einesteils durch die Interessensphäre des Eigentümers selbst, andernteils ein durch das Interesse des Publikums oder der Einzelnen (Nachbarn etc.) beschränktes Recht. Welches die Grenzen des Eigentums sind, hängt davon ab, in welcher Weise eine konkrete Gesetzgebung die betreffs je einer Sache aneinander stoßenden sozialen und individuellen Interessen wertet. Von diesem Gesichtspunkte ist die Theorie des Eigentums bisher nicht geschrieben, es geschahen bloß Versuche in dieser Richtung (z. B. P. Biermann, Privatrecht und Polizei in Preußen, 1897); der Gesichtspunkt aber, auf welchen diese Lehre aufzubauen ist, ist heute nicht mehr streitig, das ist der Gesichtspunkt des Eigentumsrechtes als sozialen Zweckrechtes Jhering, Zweck im Recht I. 519 k I 1)".

Es ist selbstredend, daß die Frage sofort in den Vordergrund tritt, bis wohin das Interesse des Eigentums reicht. Wir können es nur für alle Fälle gutheißen, daß die Verfasser unseres Entwurfes (des ungarischen bürgerlichen Gesetzbuches) den Inhalt und die Ausdehnung der Herrschaft an der Luftsäule mathematisch nicht festgesetzt haben, da doch die im Interesse der Geltendmachung der Lufthoheitsrechte zu schaffenden Normen diesen Kreis in negativer Richtung ehedem feststellen werden. Diejenigen Normen nämlich, welche betreffs der Luftschiffahrt und resp. betreffs des Luftverkehrs geschaffen werden, werden auch natürlich festzustellen haben, in welcher Höhe die Luftschiffer sich über bewohnte oder bebaute Gründe mit ihren Maschinen zu halten haben; diese Normen werden hierdurch also auch kennzeichnen, daß das Interesse des Grundeigentümers sich darüber nicht erstreckt. Daß dies keine ständige Grenze sein wird und daß zeitweilig daran Aenderungen vorgenommen werden, ist kaum erheblich, da doch solche Aenderungen aus der Erkenntnis entspringen werden, daß einesteils ein wahrhaftes Interesse des Grundeigentümers keinen Abbruch erleidet, andernteils die Erfordernisse des Luftverkehrs die Ausdehnung der neutralen Zone nach unten erheischen.

Zum Schlusse habe ich noch zu erwähnen, daß bezüglich der Luftschiffahrt schon Entwürfe und auch schon gesetzliche Verfügungen gebracht wurden, so in England der Aerial Navigation Act vom Jahre 1911, die Bill der American Bar Association vom Jahre 1910, das französische Dekret über die Aviatik vom 21. November 1911, der deutsche „Entwurf eines Luftverkehr-Gesetzes" vom 31. Januar 1914; diese enthalten aber zum größten Teile polizeiliche Vorschriften und nur höchstens betreffend die Haftpflicht der Luftschiffer auch zivilrechtliche Normen.

Ich kann die Beratungen der Madrider Verhandlung des „Institut de droit international" vom Jahre 1911 nicht unerwähnt lassen, aus welchen das „Régime juridique des aéronefs" resultierte, welches sich in zwei Kapitel teilt: 1) „Temps de paix", 2) „Temps de guerre". Das letztere ist sehr interessant und lautet, wie folgt:

„La guerre aérienne est permise, mais à la condition de ne pas présenter pour les personnes ou la propriété de la population pacifique de plus grands dangers que la guerre terrestre ou maritime."

Wir sahen, wie sich die kriegführenden Parteien an diese Normen gehalten haben, und ich schließe meinen Vortrag mit dem Wunsche, daß baldmöglichst der Morgen des glorreichen Friedens den Völkern beschieden sei und den regelmäßigen internationalen Luftverkehr ermögliche, welcher die Völker und Nationen vereint.

FSC
www.fsc.org
MIX
Papier | Fördert
gute Waldnutzung
FSC® C083411

Kolibri 360 GmbH
Ferdinand-Jühlke-Straße 7
99095 Erfurt, Deutschland
produktsicherheit@kolibri360.de